AF358929

157

3893

Boulay

TRIBUNAL DE COMMERCE DE MAMERS.

Présidence de M. le Président PRÉVEL.

AFFAIRE

Des Syndics de la Faillite de M. BOULAY (ancien Notaire),

CONTRE

M. CHARLES GUERRIER (ANCIEN NOTAIRE).

PLAIDOIRIE ET RÉPLIQUE DE Mᶜ Jules FAVRE,

DÉFENSEUR DES SYNDICS.

Audience du 5 Août 1853.

PLAIDOIRIE.

Messieurs, lorsque l'année dernière nous nous présentions à votre barre pour demander contre le sieur Boulay l'application d'une mesure rigoureuse, la mise en faillite, vous n'avez pas oublié avec quelle vivacité passionnée nous étions combattus par quelques-uns de ses créanciers. Ils recherchaient dans la loi toutes les armes capables d'ébranler vos consciences. Ils vous présentaient également les considérations les plus propres à vous toucher. Ils invoquaient l'honneur d'une famille justement estimée, la dignité du Notariat. C'est ainsi qu'ils essayaient de détourner comme un malheur la sentence que votre sagesse devait prononcer.

A ces objections des adversaires, Messieurs, nos réponses furent simples.

Nous vous avons montré cet homme, investi d'un caractère public, jouissant pendant de longues années de la confiance de ses concitoyens et recevant des capitaux nombreux qui affluaient chez lui de toute part, soudainement précipité dans une ruine profonde, et essayant dans sa détresse, à l'aide d'actes équivoques et suspects, au mépris de ses devoirs et de la loi, de faire passer le patrimoine de tous les créanciers dans les mains avides de quelques-uns, devenus les complices de sa fraude.

En présence de ce résultat scandaleux et coupable, vous n'avez plus écouté que ce sentiment de justice, de morale, qui veut que l'égalité préside entre tous les créanciers d'un homme devenu insolvable, vous avez compris la nécessité de faire passer le niveau des faillites au milieu de ces inégalités si profondément blessantes pour l'équité; vous avez porté la lumière dans le cabinet de ce notaire infidèle à ses devoirs, et vous avez pu pénétrer les mystères dont il avait essayé de couvrir ses affaires : forts alors de votre indépendance, n'écoutant plus que la droiture de vos consciences, vous avez prononcé la faillite du sieur Boulay, que vous avez fait remonter à l'année 1848.

On s'est pourvu, Messieurs, contre votre sentence. La Cour d'Angers l'a confirmée, en y ajoutant un considérant remarquable qui passera sous vos yeux.

La Cour, dans son arrêt, brise d'une main ces contrats équivoques fabriqués dans l'ombre, et qui absorbaient au profit de quelques-uns la fortune de tous.

De l'autre, elle déchire les voiles qui cachaient de criminelles connivences. Armée des sévérités de la loi pénale, elle a appelé à son aide le secours d'une instruction criminelle.

Si le résultat de cette procédure ne nous a montré qu'un coupable; si en dehors des débats sont demeurés d'autres acteurs de ce triste drame, les discussions devant les Tribuaux criminels n'en ont pas moins inondé d'une clarté terrible ces opérations ténébreuses, ces comptes, ces actes qu'on veut aujourd'hui sauver à tout prix.

Cette lumière guidera votre sagesse à travers les complications de cette affaire. D'ailleurs, Messieurs, dans ce procès, nous venons moins demander l'appui de votre savoir que celui de votre droiture. En effet, aujourd'hui comme à l'origine de ces débats, nous avons l'espoir que l'équité triomphera des sophismes, que la probité l'emportera sur la science des habiles.

Vous savez, Messieurs, que le sieur Guerrier, ancien notaire, prédécesseur du sieur Boulay, se prétend son créancier de 33,000 fr.

Les syndics repoussent cette demande, et se présentent eux-mêmes comme créanciers du sieur Guerrier d'une somme de 27,000 fr. Ils demandent tout au moins un compte. Mes cliens fondent leur réclamation sur une liquidation détaillée, minutieuse, dressée par M. Boulay, que M. Guerrier s'est toujours refusé de discuter.

Il se retranche, en effet, derrière deux arrêtés de compte et un transport, où il se croit à l'abri de toute attaque ; cet abri est-il bien sûr ? nous ne le pensons pas, Messieurs ; en effet nous disons à l'adversaire :

Vos arrêtés de compte n'ont jamais eu de caractère définitif, ils supposent un compte, et ce compte vous ne voulez pas le produire.

Votre transport n'est pas plus sérieux, il n'a été qu'un acte concerté entre vous et le failli, pour mettre à l'abri une somme importante.

Mais nous allons plus loin, Messieurs ; ces actes, fussent-ils faits de bonne foi, qu'ils seraient frappés de nullité radicale, par la loi commerciale ; ils se placent, en effet, ou doivent être placés, étant sans date certaine, à l'époque où le failli était dessaisi de l'administration de ses biens.

Ils sont nuls, ajoutons-nous, comme entachés de fraude. La fraude, tout la démontre, tout, jusqu'aux précautions inimaginables prises par l'adversaire pour la dissimuler.

Donc vos arrêtés de compte, votre transport, écartez-les, la loi condamne, l'honneur les réprouve, ils ont été arrachés à la faiblesse, ou conseillés par la fraude, ils ne peuvent soutenir les regards de la justice. Retirez-les. La dignité de la justice, votre honneur vous commandent d'asseoir votre compte sur des bases plus solides et plus honorables. Il vous faut compter franchement au grand jour sous les yeux de la justice.

Quoi! vous condamneriez l'illustre orateur dont vous avez sollicité l'appui, à se retirer derrière des fins de non-recevoir? Ah! laissz-lui la liberté qui lui convient ; son talent la réclame.

Il ne peut accepter le débat dans les termes proposés. Triompher même à l'aide des moyens qu'on lui indique, il le sait, ce serait vous rendre un service perfide; il ne veut pas, il ne peut pas accepter une telle situation.

Enfin, Messieurs, l'adversaire fût-il reconnu créancier d'une somme quelconque, nous soutenons que cette somme n'est garantie par aucun privilége.

Telles sont, Messieurs, les questions du procès; elles ont une gravité considérable.

Elles tiennent en échec les intérêts de ceux que je représente, l'honneur même de l'adversaire; elles sont dignes de toute votre attention. Pour en bien faire comprendre la portée, les conséquences et la moralité, nous allons revenir sur les faits principaux de cette affaire que le Tribunal n'a pas encore oubliée.

M. Guerrier est devenu notaire à La Ferté en 1831 ; il a acheté son étude de M. Croneau moyennant un prix de 31 ou 32,000 francs.

Dans un écrit qu'il a publié, M. Guerrier prétend avoir considérablement amélioré cette étude. Certes, il fallait qu'il l'eût relevée, pusiqu'en 1839 il la revendait 62,000 fr.

Un bénéfice aussi considérable ne peut s'expliquer par la seule augmentation de valeur. Cette augmentation de valeur même est-elle réelle? nous ne le pensons pas. M. Guerrier était un notaire peu actif, peu soigneux, médiocrement éclairé, peu ardent aux affaires; la preuve, c'est qu'il songeait à revendre lorsqu'il était encore à la fleur de l'àge.

Il revendait son étude à un prix considérable, parce qu'il avait ajouté aux produits de son étude des opérations qui venaient de remplir sa position d'embarras qu'il ne savait surmonter, et qui devaient causer la ruine de son successeur.

M. Guerrier vendait ; et pourtant sa position était modeste.—Il avait besoin de travailler pour vivre,—pour vivre surtout comme il vivait. A Dieu ne plaise que je veuille pénétrer dans son intérieur ; mais tout le monde sait à La Ferté que son existence était large, que ses goûts étaient dispendieux, que ses habitudes n'étaient pas exemptes d'un certain faste.

Pourquoi donc vendait-il ? Il vendait pour réaliser un bénéfice important, pour fuir les embarras de ses affaires. Il ne vendait pas pour jouir du fruit de son travail, mais pour échapper à un labeur peu de son goût, et liquider, s'il était possible, une situation pleine de périls. Celui qui allait être appelé à lui succéder semblait préparé à l'avance au rôle qu'on allait lui faire jouer ; jamais instrument ne répondit mieux à l'usage auquel on l'avait destiné.—M. Boulay, doux de mœurs et de caractère, sachant mal se défendre contre les obsessions, d'habitudes paisibles et laborieuses, sut à la fois inspirer une grande confiance et céder à toutes les impulsions ; rien n'était plus facile que de le dominer, de l'entraîner, de le corrompre. —Il ne s'agissait que de le lancer sur la pente ; on était sûr qu'il irait au fond de l'abîme.

M. Guerrier était merveilleusement propre à l'accomplissement de cette œuvre. Entré chez Guerrier en 1837, M. Boulay essaya de rétablir l'ordre dans l'étude ; c'était une entreprise difficile : il n'existait pas même de registres, on voyait seulement quelques notes sur les dossiers, tout était dans la confusion la plus profonde.

En 1839, M. Guerrier fit des propositions à M. Boulay, qui les accepta. Un traité fut passé, mais avec cette clause singulière, demeurée secrète, que M. Guerrier continuerait, aux yeux des tiers, à être notaire, tandis qu'en réalité cette qualité devait ap-

partenir à M. Boulay. D'un autre côté, il était chargé, par
M. Guerrier, de faire toutes les rentrées, tous les paiemens; —
tous ces détails commandèrent des écritures nombreuses et soigneusement tenues.

Le prix apparent de l'étude était de 50,000 fr.; le prix réel
était de 62,000. — M. Boulay avait quinze ans pour le payer.—
Cette étude pouvait rapporter de 6 à 8,000 fr.; sans être brillante,
la position de M. Boulay était acceptable, mais il ne fut ni heureux ni prudent. En entrant en fonctions, il fut atteint d'une ma-
ladie qui fut longue et coûteuse. Il acheta une maison à laquelle il
fit des réparations considérables. Il ne craignit pas de faire des
placemens aventureux et de se livrer à des opérations de banque.
Il continua en un mot la situation du sieur Guerrier, dont les intérêts furent confondus avec les siens. M. Boulay recevait pour Guerrier les sommes les plus importantes comme les plus faibles, il
quittait les plus grosses comme les plus petites dépenses.

Il était essentiel dès lors que des comptes loyaux fussent
tenus pour faire connaître à la fin la position de chacun.

Il eût été nécessaire surtout de préciser le résultat final de ces
opérations, c'est ce qui fut négligé d'une manière absolue.

Boulay dit cependant que, dès 1844, il prépara ce compte
longuement détaillé qu'à la fin il appuie de pièces justificatives.
Tout compensé,— intérêts, prix d'étude, répétitions de toute nature, — il prouve qu'il n'était plus débiteur, dès 1844, que de
18,000 fr. Telle est son assertion.

Cependant, à cette époque, 27 avril 1844, l'adversaire soutient
qu'il se serait reconnu, par un arrêté de compte, débiteur d'une
somme de 59,000 fr.

Nous verrons plus tard comment un résultat si extraordinaire
peut être expliqué.

On dit qu'un nouvel arrêté de compte, non présenté, fut fait
en 1846, et un dernier à la date du 1er mai 1850. Le Tribunal

remarquera qu'aucun de ces prétendus arrêtés de comptes n'a de date certaine.

Les plus violens soupçons accusent surtout la sincérité du dernier; s'il faut en croire M.'Boulay, cet arrêté est postérieur au 12 juillet, il a été signé en même temps qu'un transport antidaté qui fait passer entre les mains de M. Guerrier 26,000 fr. dus par M. Morel, successeur de M. Boulay.

Tel est, Messieurs, le résumé rapide des relations et des actes reprochés à MM. Guerrier et Boulay.

Pour comprendre le résultat de ces relations et de ces actes, il faut remonter un peu en arrière et interroger les années que nous venons de franchir.

M. Boulay ne pouvait pas réussir; il était sans fortune personnelle; il n'eut d'autres ressources que la dot de sa femme, qui fut bien vite entamée. Dès les premiers temps, des dépenses indispensables absorbèrent les revenus; aussi, dès la première année, il fut au-dessous de ses affaires, voué à la ruine. Au lieu de diminuer ses dépenses ou de s'arrêter, il les augmenta. Il demanda alors des forces au crédit. Il inspirait une grande confiance; les capitaux affluaient chez lui; il les jeta dans les spéculations; son étude devint la succursale de la caisse de la Sarthe, dont la fin a été si malheureuse. Il galvanisa ainsi par ce contact sa situation. Il négocia des billets. Peut-être a-t-il cru de bonne foi se soutenir et marcher à la fortune. Il a abouti à une catastrophe! Des signes précurseurs se manifestèrent dès 1846. A cette époque déjà il était fort gêné. Il songea à se retirer; il vendit à M. Morel, moyennant un prix de 80,000 fr.; puis il chercha à s'utiliser dans la gestion d'une propriété; et se livra plus que jamais aux opérations de banque. Déjà épuisé, la crise de 1848 vint l'achever. A partir de ce moment, blessé à mort, il ne se releva plus!

Et cependant, grâce au crédit dont il jouissait, son agonie fut longue, désastreuse pour ses créanciers.

Dès 1848, il ne payait plus. Poursuivi, traqué de toutes parts, il se soutenait par les renouvellemens, les emprunts à intérêts exagérés, par les moyens désespérés qu'emploient les débiteurs aux abois.

A la fin de 1849, sa position transpirait au dehors ; les créanciers murmuraient ; en 1850, ils ne voulurent plus attendre. Il invoqua vainement les considérations de famille. On voulut connaître sa situation, et on ne rencontra qu'un homme écrasé par le malheur.—Retiré dans une campagne écartée, M. Boulay passait les journées dans l'accablement et les larmes. Il était invisible pour tous, un seul excepté, et cet homme, nous le verrons plus tard, quand Boulay ne sera plus rien qu'une sorte de débris échoué appartenant au premier qui voudra s'emparer de lui ; nous le verrons le harceler dans sa retraite, lui envoyer des émissaires à toutes les heures de la nuit pour lui arracher des obligations mensongères, des transports frauduleux.

Il profitera du trouble, de la douleur de sa victime pour conduire sa main non moins égarée que coupable.

Il fera plus, cet homme, il s'introduira dans la maison de ce malheureux, en son absence, nuitamment encore, et il enlèvera les papiers des créanciers, les reçus, les contre-lettres.

Qui donc, a montré tant d'audace? Vous le connaissez, Messieurs. La notoriété publique vous le signale : vous avez sous vos yeux l'auteur de ces hardis coups de main : il vient vous en demander le prix ; il vous apporte ses titres ; vous en connaissez maintenant l'origine. N'avais-je pas raison de dire en commençant que ces titres ne pourraient soutenir les regards de la justice.

Les faits que je viens de raconter sont constans ; ils ont été révélés par une instruction criminelle.

D'abord ignorés par les créanciers loyaux, sérieux de la faillite, ils jetèrent, quand ils furent connus, sur cette faillite une triste lumière. Un examen nouveau, sommaire, provisoire de la position de Boulay fut résolu ; une commission fut nommée. M. Guerrier lui-même fit partie de cette commission. Chose singulière et digne de remarque, le sieur Guerrier lui-même, avec les autres membres de la Commission, accepta l'abandonnement des biens du sieur Boulay, *avec réserve d'attaquer les actes faits en fraude de la masse des créanciers* ; ces réserves faites par la Commission étaient pleines de prudence, *car certains créanciers habiles avaient déjà pris les devans.*

M. Boulay, avec un passif de 300,000 fr., n'avait d'autre actif que le prix de l'étude, qu'il avait fait disparaître à l'aide de plusieurs transports.

On ne pouvait respecter un pareil résultat sans l'examiner. Quand M. Guerrier vit qu'il était question de discuter ses titres, il se retira prudemment du sein de la commission.

Des négociations amiables s'entamèrent alors. On réclama des communications loyales, des justifications sérieuses ; mais on n'obtint que des refus obstinés.

M. Guerrier déclara qu'il n'avait d'autres pièces à fournir que son transport, que son arrêté de compte. Plus que jamais la position parut grave et appela des investigations sévères. Une nouvelle commission fut nommée, chargée spécialement de vérifier la créance du sieur Guerrier.

M. Boulay fut invité à produire un travail qu'il avait promis ; plusieurs fois il avait déclaré qu'il était plutôt le créancier que le débiteur de M. Guerrier. On lui rapporta les témoignages des personnes auxquelles il avait fait ces aveux, les détails des scènes que nous avons rapportés plus haut : on mit sous ses yeux la misère de pauvres pères de famille plongés dans la ruine, la responsabilité terrible qu'il assumait, la douleur qu'il préparait à sa famille si l'on venait à prouver devant les Tribunaux qu'avec sa fortune il avait aussi perdu son honneur, le dernier patrimoine de ses enfans. Vaincu par toutes ces considérations, il se mit au travail. Il fit une liquidation provisoire de laquelle il résultait qu'il était créancier du sieur Guerrier d'une somme de 16,436 fr. 20 c., avec réserve de 11,000 fr. qu'il n'avait pas encore pu complétement vérifier.

Ce résultat de prime abord est, certes, fort extraordinaire, si on le compare aux titres signés par Boulay, mais il est conforme aux déclarations qu'il avait fait entendre à plusieurs personnes avant de signer ces arrêtés de compte coupables. Au surplus, il ne se dissimule aucune des objections que son travail peut soulever; mais il les réfute en indiquant les sources auxquelles il a puisé, et en provoquant la contradiction ; nous le laissons parler :

Nous raisonnons comme si le compte que nous présentons avait acquis l'autorité de la chose jugée. Nous l'avons dressé promptement, il est vrai, mais nous l'avons fait néanmoins avec soin. Il ne repose pas sur des suppositions. *Tous les articles qu'il contient se trouvent sur des registres non écrits d'hier, et que M. Guerrier a vu des milliers de fois lui-même ; tous, par conséquent, seront facilement vérifiés et contrôlés.* Bien entendu que s'il se découvre des erreurs, elles seront reëtifiées soigneusement.

D'après cela, en raison, ils ne peuvent être rejetés, alors surtout que l'on n'a aucune écriture à nous opposer. Donc, foi est due à nos journaux, à nos registres. *En droit, nous pouvons croire qu'ils ne seront pas sans valeur ; car, appuyés des pièces du dossier, qui sans doute nous sera rendu, nous ne devons pas redouter la discussion.* Mais où vais-je ? Dans notre bonne foi réciproque, nous n'avons pas à nous occuper de cette question. Tout fait reconnu sera admis sans contestation.

Au surplus, nous disons à M. Guerrier ;

Vous le voyez bien, il est indispensable que nous nous livrions à une étude sérieuse et approfondie de notre situation réciproque. Il y va de votre intérêt.

D'abord, si vous détruisez mon compte en en démontrant les inco rrec

tions, les erreurs, les omissions, votre créance en apparaîtra plus solide, plus incontestable, et vous en pourrez jouir avec plus de quiétude, plus de tranquillité d'âme.

En second lieu, si le résultat de ce compte est reconnu exact par vous, vous en serez encore plus heureux, puisqu'il sera acquis alors pour vous que votre position distinguée n'aurait été due qu'à l'infortune d'une famille malheureuse.

Entrez donc, Monsieur, entrez donc dans ces considérations, et ne refusez pas l'étude que je demande en ce moment avec la plus vive instance.

Vous m'avez vu, mon cher Monsieur Charles, dans un état de pitié ; ma douleur était si extrême, qu'elle vous a porté à l'exagérer encore par un mot qui m'avait presque blessé, tant le mal rend susceptible ; vous avez pleuré sur le sort d'un pauvre père de famille que vous avez affectionné, et qui, lui, vous affectionnera aussi toujours quoi qu'il arrive ; vous vous êtes effrayé de l'avenir d'êtres qui me sont si chers, et pour lesquels vous vous êtes souvent intéressé. Venez donc, encore une fois, venez, afin que nous cherchions la vérité tout entière.

C'est en ces termes touchans que M. Boulay adjure M. Guerrier de vérifier ce compte avec lui. La forme, le ton de cet appel à la conscience, à la vérité, sont plus que modérés ; ils sont affectueux.

Quelle fut l'attitude de M. Guerrier en cette occasion ? Il ne s'agissait plus seulement d'une question de comptabilité ; son honneur lui-même était engagé.

Il refusa néanmoins le débat, éluda toutes les sollicitations, se refusa à toutes les communications, déclara sa situation inattaquable.

La commission avait cru un instant pouvoir faire avec lui un examen sérieux et loyal de sa situation, mais elle vit bientôt ses espérances déjouées ; elle se vit dans la nécessité de faire son rapport. M. Guerrier fait de ce rapport un moyen de triomphe.

Ah oui ! triomphez ; les commissaires vous ont tressé de bien tristes couronnes.

Il est bien vrai que la commission déclare que vous vous retrancherez derrière des moyens de forme.

Mais elle ajoute que vous avez été sourd à la voix de l'honneur.

Elle dit : Les chiffres, les livres, les actes, les faits, toutes ces choses l'accuseront à la fois, mais il ne répondra pas.

Ils l'accuseront de frauder les droits de la masse, il ne s'en défendra pas ; de prendre le bien d'autrui, n'importe, il osera le garder !

Montez, monsieur, montez au Capitole ! Jouissez en paix de cet odieux triomphe ; personne, ici, n'y veut mettre obstacle !

En présence du refus si obstiné de l'adversaire, Boulay, enfin, se relève et va faire tout seul ce que le sieur Guerrier refuse d'exécuter. Il reprend cette liquidation, qu'il avait déjà commencée ; il s'entoure des livres et des pièces qui lui restent ; il reprend ce compte de onze ans article par article, et prouve par des chiffres qu'il est créancier de 27,000 fr.

Il ne se contente pas de faire cette preuve par les articles du compte, il prouve que M. Guerrier n'a jamais été, par sa position de fortune, en état de se constituer créancier des sommes qu'il réclame. Il prouve au contraire, par les capitaux nombreux dont il avait la libre disposition, qu'il a pu faire à M. Guerrier les avances que ses livres établissent.

Après ce travail, il ne prie plus M. Guerrier d'entrer en discussion, il le poursuit pour l'y obliger ; — ce n'est plus comme tout à l'heure les supplications qui se trouvent dans ce nouveau mémoire : le fiel découle de sa plume ; il poursuit son créancier l'injure, le sarcasme à la bouche, pour l'amener à une révision :

On entend mes adversaires, dit-il, crier à l'injustice, au guet-apens, à l'infamie !

Comment, de l'injustice ! Ils voient de l'injustice quand on s'en va dire : •Je vous ai trop payé ou trop compté, venez donc que nous examinions ensemble ! Comment, ils crient au guet-apens, quand c'est nous, au contraire, qui sommes restés dans l'inaction et qui nous plaignons d'être victimes d'entreprises astucieusement dirigées et menées à fin ! Comment, eux parlent d'infamie !... Eh bien ! oui, s'il y a infamie, vous connaissez l'infâme, messieurs ; du moins, vous savez bien que ce n'est pas celui qui cherche la vérité avec sincérité et désir ; vous savez bien qu'ordinairement ce n'est pas celui qui est dépouillé ! ! !

Après tout, quand notre adversaire, qui maintenant demande les preuves qu'il nous a ravies, aurait gain de cause, quand il serait absous, quand tous les tribunaux, toutes les cours se prononceraient pour lui, *nous*, nous lui dirons toujours : Il est deux accusateurs dont vous ne vous débarrasserez jamais, *moi et votre conscience.* Les chiffres, les noms, les dates sonnent sans cesse à vos oreilles. N'entendez-vous pas les cris de votre conscience ? Vous avez beau vous abriter à l'ombre de la réputation de votre famille ; vous avez beau vous étourdir de votre bruit, quelque chose vous fera vous dire incessamment à vous-même : — Si mes appartemens sont splendidement décorés, si on n'y voit que riches tentures, que brillantes tapisseries, que corniches sculptées, qu'opulens fauteuils, que belles pendules, que magnifiques candélabres, c'est à même lui ; si mes jardins, ma serre, ma cuisine, mon atelier, ma table, mes armes sont *ici* à nuls autres pareils, c'est à même lui ; si nos habits sont somptueux, si les rubans, les marabouts ombragent nos têtes, c'est à même lui, toujours à même lui.

—Sans lui, je n'aurais eu que de quoi payer mes dettes ; sans lui je travaillerais au lieu de vivre en seigneur ; sans lui je n'aurais qu'une modeste demeure, une table frugale.

— Et lui, sans moi, continuerait à vivre honorablement ; il éleverait sa petite famille sans recourir aux autres ; il procurerait à ses chers enfans une éducation convenable ; il leur laisserait une position honnête, et, de plus, avec un petit patrimoine, un nom dont ils n'auraient jamais qu'à s'honorer. —

Homme de convoitise et fainéant, homme de vanité et de désordre, oui, partout mon image vous suivra. De pesans cauchemars troubleront votre sommeil ; vous ne disposerez pas d'un sou sans trouble, et l'argent sera entre vos mains comme une matière brûlante.

Et, arrivé au terme de votre existence, mes reproches tinteront plus violemment ; vous vous agiterez dans une agonie pleine d'angoisse ; vous saurez alors à quoi vous auront servi toutes vos tromperies ; vous saurez que votre fils aura, lui aussi, à supporter quelque chose de l'indignité qui s'attache à votre nom ; vous saurez même que vos parens ont été travaillés par le doute à votre sujet.

Ainsi sera votre vie, ainsi sera votre mort, car les trois causes principales de votre faute seront écrites et retracées sans cesse sous vos yeux. Vous vous direz :

— J'avais des charges absorbantes, et j'ai trouvé moyen de les reverser sur mon successeur.

— Je m'y suis si bien pris, que lui, que je dirigeais à ma volonté, n'a pas osé me contredire ; je l'ai arrangé comme je l'ai voulu, et il n'a pas osé me contraindre à une vérification promise.

— Enfin, quand me faisant, en dernier lieu, appel, je lui ai refusé de revoir les choses, parce que je savais que je trouverais ma ruine et ma condamnation. —

Ainsi sera l'état de votre âme. O honte ! vous apparaîtrez devant le Juge des juges tout couvert de malédictions. Au dernier moment, vous que des mains vertueuses et chrétiennes ont élevé, vous que les passions ont jeté dans l'incrédulité, au dernier moment, vous éprouverez au moins les déchiremens du doute. Alors il sera trop tard : vos membres se crisperont comme pour se reprendre aux branches de la vie, et vous disparaîtrez en laissant ces pages à un fils pour l'interprétation des torpeurs de votre mort inquiète, heureux encore si ce fils, enfin éclairé, ne s'associe pas, pour son honneur, aux malédictions que d'autres innocens, victimes de vos frauduleuses manœuvres, lanceront contre vous.

Malgré ces récriminations brûlantes, Guerrier se tait. — On l'attaque avec la violence la plus extrême, il ne se défend pas.

On lui jette la boue à la face, il se retire derrière des titres véreux. Quel est donc le caractère de cet homme? Ses propres amis ont besoin d'être plus que lui soucieux de son honneur, pour qu'il fasse entendre sa voix. Ce n'est que deux ans après le mémoire de M. Boulay qu'il rompt le silence, pour faire une réponse contre lui plus accablante encore que l'attaque.

Il fait un Mémoire de neuf pages pour dire uniquement, sous toutes les formes, qu'il ne se sent pas blessé des injures d'un adversaire tombé si bas.

Que les faits qu'on lui reproche. les Tribunaux les ont innocentés ; que d'ailleurs, la considération dont sa famille et lui-même jouissent dans le pays, l'abritent suffisamment contre les imputations odieuses dont il a été l'objet. Quant au compte qu'on lui demande, il ne cesse de répéter que depuis longtemps, il a été réglé entre lui et M. Boulay.

Réglé entre Boulay et vous c'est vrai, Monsieur, personne ne le nie ; mais comment a-t-il été réglé ? Telle est la question nouvelle que les syndics vous adressent aujourd'hui. Cet acte, ils ne l'acceptent pas ; cet acte, ils le tiennent pour frauduleux : cet acte, ils le regardent comme une spoliation faite par vous et M. Boulay à la masse des créanciers. Ecoutez donc ces accusations, voilà le procès tel qu'il est aujourd'hui posé devant le Tribunal. — On vous accuse de connivence coupable, et vous ne répondez pas.

Ignorez-vous donc qu'il n'est aucun acte qui puisse tenir quand il est inspiré par la fraude et le dol? Vous êtes ici devant un Tribunal de bonne foi, et vous croyez pouvoir vous dérober à ses regards, vous le chercheriez vainement!

La considération de votre famille, vos juges la respecteront, mais ils sauront en même temps faire justice malgré votre silence. La considération de votre famille n'est pas la vôtre; oubliez-vous donc, Monsieur, qu'il y a des fils indignes. Vous avez triomphé, dites-vous, devant les Tribunaux correctionnels. Cruel triomphe, et que vous ne tarderez pas, Messieurs, à apprécier comme il mérite de l'être.

Au milieu de ces débats si gros de scandales, les créanciers ne pouvaient rester inactifs, il fallait appeler les investigations de la justice sur tous ces actes suspects; il fallait que son œil pénétrât dans toutes ces ombres au milieu desquels des faits condamnables avaient pu se consommer.

Une requête fut présentée le 11 février 1852, tendant à la mise en faillite. Un jugement par défaut déclara cette faillite; M. Boulay y forma opposition; après des débats solennels, vous prononçâtes le 11 mai un jugement contradictoire conforme au premier, votre décision a subi les épreuves d'un second examen de la part de la Cour d'appel d'Angers, qui l'adopte, elle ajoute même à vos motifs, et ordonne une instruction criminelle.

Les créanciers faisaient de loyaux et courageux efforts pour faire la lumière dans les ténèbres dont l'adversaire se plaisait à envelopper ses actes. Guerrier traitait les syndics de fort haut, il les gratifiait des épithètes les plus malsonnantes, il les appelait des brouillons. Nous ne répondîmes pas à ces insultes par d'autres insultes, cela ne nous convenait nullement, mais nous parlâmes alors de pièces enlevées, de registres lacérés, et nous montrâmes les pages. La Cour fut émue, elle ordonna le dépôt des registres. Le ministère public songea dès ce moment à diriger des poursuites contre les coupables éventuels. Voici le considérant qu'à cette occasion la Cour ajouta aux motifs de votre décision :

« Attendu que les appelans ne peuvent raisonnablement être
» admis à opposer aux autres créanciers qui sont des tiers une
» convention occulte qu'ils auraient faite avec le failli, et au
» moyen de laquelle ils prétendent s'approprier exclusivement,
» au préjudice de ces tiers, une portion de l'actif de la faillite. »

Cependant, M. Boulay portait plainte contre M. Guerrier, l'accusant d'avoir enlevé des pièces, détourné des titres dont il détaillait l'énumération.

Sur la poursuite du ministère public, tant contre Boulay que contre Guerrier, le premier fut arrêté, le second laissé en liberté, puis relaxé par ordonnance de non lieu confirmée par arrêt. Nous ignorons complétement les termes de ces décisions qu'on n'a jamais voulu nous montrer ; mais nous avons eu dans nos mains la procédure dirigée contre Boulay, nous vous en livrerons des fragmens, comme des élémens du plus utile enseignement. Il en résulte d'abord que les comptes n'ont jamais été réglés sérieusement ; secondement, que Guerrier s'est refusé à tous les contrôles.

En troisième lieu, qu'il a abusé de la faiblesse de Boulay ou connivé avec lui ; en quatrième lieu, enfin, qu'il a enlevé frauduleusement les pièces comptables.

Tout ceci, Messieurs, ressort clair, évident des dépositions et des interrogatoires que vous allez me permettre de faire passer sous vos yeux.

Je ne veux pas tout lire : je ne prendrai que ce qui a un trait direct à l'affaire.

Sur toutes les propositions que je viens d'avancer, voici ce qu'on lit dans l'interrogatoire du sieur Boulay :

Au mois d'avril 1837, je suis entré *comme clerc chez* M. *Charles Guerrier.* Au cours de 1838, il me manifesta son désir de vendre son étude, et, le

1*' *janvier* 1839, j'entrai en jouissance de cette étude *par suite d'un contrat secret*, dans lequel il était stipulé *que j'achetais l'étude moyennant* 60,000 *fr.*

Comme M. Guerrier ne voulait pas faire connaître ce fait à sa famille, nous restâmes plus d'une année dans cette position, *et ce ne fut qu'au mois de février* 1840 que je devins officiellement *propriétaire de l'étude moyennant le prix apparent de* 50,000 *fr.* Les 10,000 fr. stipulés secrètement en sus entraient en compte entre nous et se joignaient aux autres comptes résultant de la gestion par moi faite de l'étude depuis 1839. A peine fus-je devenu titulaire de cet office, que je tombai malade et fus alité pendant une année environ, année pendant laquelle mon étude fut dirigée par M. Guerrier, et où il me fut impossible de suivre exactement les diverses opérations, et ne faisais que signer les billets, me reconnaissant souvent débiteur personnel des fonds déposés dans l'étude, ainsi que l'avait fait M. Guerrier pendant l'année que j'avais géré sous lui.

En 1843, *je voulus faire nos comptes, et au cours de* 1844, je présentai à M. Guerrier *ce compte, duquel il résultait que je ne lui devais plus qu'une somme de* 24 *mille et quelques cents francs*, car ce dernier, pendant les années 1839 et 1840, avait acquitté beaucoup de dettes que j'ignorais. M. Guerrier compulsa à son tour les registres, et le résultat de ses recherches fut que je restais lui devoir la somme de 58,000 fr. *Je refusai d'abord d'accepter ce compte ; mais il me dit qu'il partait* pour aller chez son frère, à Beaune, et que sa femme insistait pour que notre compte fût réalisé avant son départ. *Sur cette insistance, et surtout sur la promesse qu'il me fit que ce compte serait vérifié à son retour, je consentis à le signer.* Lorsqu'il fut revenu de ce voyage, j'insistai en vain plusieurs fois pour que cette vérification eût lieu. *Nous étions si intimement liés et j'avais une telle confiance en lui, que je n'employai pas les voies rigoureuses. En* 1847, *lors d'un voyage qu'il était de nouveau sur le point d'entreprendre*, il vint encore me trouver, en me disant qu'il allait s'absenter, mais qu'il tenait à ce que notre règlement de compte fût définitivement arrêté à son retour. C'était une vaine promesse, et nous arrivâmes *ainsi jusqu'au* 1*er mars* 1850, époque à laquelle, par suite de paiemens faits par moi à l'acquit de Guerrier, *ce dernier ne se prétendait plus être mon créancier que pour une somme de* 33,000 *fr.*, chiffre que je n'acceptais toujours que sous bénéfice de vérification. *A cette date du* 1*er mars* 1850, *Guerrier, qui savait mes affaires embarrassées et qui désirait avoir un privilège pour sa créance, insista et usa de son influence excessive sur mon esprit* pour obtenir de moi que je lui donnerais *un transport pour* 26,000 *fr. sur le prix de mon étude*, que j'avais vendue à M. Morel au mois d'octobre 1847, et qui restait me devoir 50,000 fr. environ. *Les sept autres mille francs dont Guerrier prétendait être mon créancier* *restaient dettes chirographaires*. Au mois d'août suivant, je fus obligé de réunir mes créanciers, et je donnai à cet effet procuration en blanc à Guerrier, dans lequel j'avais pleine confiance, pour qu'il y consentît en mon nom tous arrangemens utiles. *A cette première réunion, les sieurs Guerrier, Lambert et Onillon furent nommés commissaires, et ma procuration en blanc fut remplie à leurs noms. Dans ce moment,* je m'étais retiré dans une terre à moi, à Champaissant, *et je me croyais encore à cette époque au-dessus de mes affaires* ; et c'eût été avec raison, si Guerrier m'eût rendu un compte exact, et si mes biens et ceux de mes débiteurs n'eussent vu leur valeur dépréciée, au moment de leur vente ultérieure, par suite des événemens politiques. Plusieurs créances que j'avais à recouvrer ont aussi périclité par suite de frais d'ordre et d'autres procédures. *Ceci pourra être établi par les syndics de ma faillite, parmi lesquels Guerrier n'a plus figuré depuis le 8 avril 1851, date à laquelle j'ai soumis, dans une réunion de mes créanciers, mon compte avec lui.* La procuration que j'avais donnée à Guerrier en l'étude de M° Morel ne contenait pas de nom de mandataire, parce que nous ignorions si elle devait servir. *Mais, bien que Guerrier n'y fût pas indiqué comme mon fondé de pouvoirs, cependant il avait moralement cette qualité,* et il en remplissait les fonctions depuis mon départ pour Champaissant, en répondant à toutes les demandes faites par mes créanciers et en dirigeant le nommé Lhermenier, dit Faussabry, mon clerc ou employé à mes comptes, que j'avais laissé avec mes registres et papiers dans une chambre que je conservais à La Ferté-Bernard. *A peine fus-je retiré à Champaissant que le sieur Guillemin (Isidore), ancien clerc et homme de confiance de Guerrier, vint presque toutes les nuits m'obséder pour obtenir de moi diverses concessions. La première qu'il sollicita fut que la reconnaissance de 33,000 fr., antérieurement rédigée en forme d'arrêté de comptes résultant de nombreuses opérations, serait convertie en deux autres reconnaissances, l'une de 7,000 fr., également en forme d'arrêté de comptes, et l'autre de 26,000 fr., indiquant l'acquisition de mon étude comme origine de cette dette envers Guerrier. Je ne puis cependant rien affirmer de précis sur la forme de ces deux reconnaissances, que Guillemin m'apporta toutes rédigées, et que j'ai copiées et signées aveuglément, au milieu de la nuit et dans un moment de trouble.* DANS LES NUITS suivantes, Guillemin *m'obséda* pour que je consentisse à *faire disparaître mes comptes avec Guerrier existant sur les extraits que j'avais fait faire par Lhermenier et autres de mes livres-journaux* ; et il me présenta à cet effet tous les extraits, mais je refusai obstinément. *Il me demanda alors, au nom de* M. Guerrier, *de faire disparaître le dossier de M. Guerrier. A quoi je répondis :* CELA NE ME REGARDE PAS ; FAITES CE QUE VOUS VOUDREZ.

Sur la prétendue créance du sieur Guerrier, voici comment s'expliquent Chevert, Lefèvre, Marteau, Berger et Lambert :

CHEVERT. — J'ai voulu relever le compte Guerrier ; mais Boulay m'en a empêché, *prétendant qu'il était trop long et trop compliqué*, et je n'ai jamais eu connaissance de ce compte. Plusieurs fois je lui fis des observations au sujet des sommes importantes qu'il aurait dues à Guerrier, mais il *me répondait qu'il était plutôt son créancier que son débiteur.*

LEFÈVRE. — J'ai été nommé le 8 avril 1851, avec Marteau, membre d'une commission chargée de vérifier le compte particulier de Boulay avec Guerrier. A mes yeux, il est impossible d'arriver à un compte exact si Boulay et Guerrier ne sont mis en présence et ne viennent expliquer contradictoirement leurs dires respectifs sur chaque article douteux des registres. Dans ce moment, ni l'un, ni l'autre ne peuvent connaître leurs droits, même approximativement. J'ai fait mes efforts pour obtenir une entrevue entre Guerrier et Boulay ; *mais Guerrier s'est retranché derrière son titre.* D'abord, il est vrai, il pouvait motiver ce refus par le refus que faisaient les syndics de lui communiquer les registres de Boulay ; *mais plus tard, lorsque je me suis fait fort de les lui communiquer, je n'ai pas davantage obtenu ce que je désirais* de lui.

MARTEAU. — Des recherches que nous fîmes, *il résulte pour moi la conviction que Guerrier ne pouvait être réellement créancier d'une somme aussi importante que celle qu'il réclamait, et que même Boulay ne devait rien lui devoir. Il fallait même, pour que Guerrier ne fût pas débiteur de Boulay, que le prix de l'étude fût plus élevé que le prix porté au traité.* Ce traité, d'après ce que m'a rapporté Boulay, avait eu lieu moyennant 50,000 francs avoués et 10,000 dissimulés, plus un pot de vin de 500 fr.; en outre 1,000 fr., une montre en or et une chaîne de 350 fr. je crois pour Mme Guerrier. En admettant même que les 26,000 fr. du transport de Boulay à Guerrier, sur le prix de son étude, serait payé, *Boulay serait créancier de cette somme au moins.* A mes yeux une telle différence, qu'on peut évaluer à plus de 30,000 f., puisque tel est le chiffre de la réclamation de Guerrier, *ne peut résulter que d'un concert frauduleux entre Boulay et lui.*

BERGER. — J'ai la croyance que depuis la cessation de ses paiemens, Boulay a payé plusieurs de ses créanciers au préjudice de la masse, et a dissimulé une partie de son actif :

Quant à la créance Guerrier, qui s'élèverait, d'après les réclamations de ce dernier, à une somme de 33,000 fr., et qui résulterait d'un arrêté de compte en date de 1850 je ne puis la considérer comme sérieuse : d'abord, parce que Guer-

rier a refusé de produire toutes pièces à l'appui de ce compte, bien qu'elles lui aient été réclamées par une commission composée de MM. Marteau, avoué à Mamers, Lefebvre, notaire à Nogent-le-Rotrou, et Morel, notaire à La Ferté-Bernard, nommés pour vérifier le compte Boulay et Guerrier; ensuite, parce que Boulay, non-seulement ne se reconnaît point débiteur d'une somme de 33,000 fr., mais encore prétend être créancier de Guerrier d'une somme de 27,000 fr., d'après un dernier compte fait par lui à la suite de recherches effectuées par le syndic Onillon, desquelles il résulterait que Boulay était plutôt créancier que débiteur de Guerrier. Ces recherches d'Onillon avaient eu lieu sur un agenda de Boulay, tenu en 1846. — Je ne puis croire non plus que Guerrier, qui faisait des dépenses plus considérables que ne le comportaient ses revenus, et pour lequel Boulay a payé notamment une somme de 25,000 fr. environ, prix de sa maison, pût être créancier d'une aussi forte somme. Outre cela, il est avéré que Boulay a payé la plupart des dettes de M. Guerrier, et a été réellement son banquier pendant plusieurs années, ainsi que le constatent ses registres-journaux.

M. Lambert émet la même opinion.

En ce qui touche l'enlèvement des pièces,

L'interrogatoire si grave de Boulay se trouve confirmé par d'autres dépositions, notamment par celle du clerc qui a été témoin des visites faites pendant la nuit à Champaissant.

On lui représente les pièces déposées par Guerrier; il les reconnaît pour les avoir vues chez M. Boulay, à La Ferté-Bernard où M. Guerrier les a enlevées.

Enfin, interrogé, voici comment il s'explique sur les visites nocturnes qu'il avait été obligé de faire.

En août 1850, je recherchais en mariage la domestique de Boulay et faisais dans ce but de fréquens voyages à Champaissant. Cette dernière me disait que Guillemin y faisait de fréquens voyages la nuit, tantôt en voiture, tantôt à pied, pour y conférer avec Boulay. J'ai su par elle que, le lundi 12 août 1850, Isidore Guillemin était venu dans la nuit à pied trouver son maître pour lui demander la remise du dossier de Guerrier, lequel était déposé dans la chambre louée par Boulay à la Ferté-Bernard que j'occupais, avec tous les registres. A cette de-

mande, Boulay répondit dans un moment de désespoir : Faites ce que vous voudrez. Cette domestique, que j'ai épousée depuis, *a entendu elle-même cette conversation. Le lendemain ou le surlendemain de ce voyage* et quelques jours seulement avant la première réunion des créanciers, qui eut lieu le 19 août, *Guerrier arriva sur les trois heures et demie du soir* dans la chambre où je travaillais ; Guillemin arriva presque en même temps. *Guerrier en arrivant me demanda où étaient toutes les pièces qui concernaient son compte et en même temps il mit la main sur une feuille double, papier grand format, concernant le résumé de son premier compte fait avec Boulay, dont je ne sais ni la date ni le montant, laquelle était déposée sur une table en bois blanc placé à gauche en entrant dans la chambre.* DANS CETTE FEUILLE se trouvait renfermé SON TRAITÉ de l'étude avec Boulay recouvert de sa chemise que je crois être en papier rose. *Ce n'est pas tout, me dit Guerrier,* et je lui indiquai *le casier dans dans lequel était la liasse de ses papiers,* desquels il s'empara pour les réunir à son traité dans la feuille indiquée ci-dessus. J'ignore quelles étaient les pièces renfermées dans *cette liasse, qui en contenait bien trente ou quarante, ce que je puis affirmer, c'est que dans cette liasse il se trouvait des billets, quittances ou reconnaissances de sommes importantes, notamment : 1° un billet de 6 ou 8,000 fr. souscrit par Guerrier au profit de la veuve Gédon et acquitté par Boulay ; 2° un billet de 6,000 fr. souscrit par Guerrier et non payé. Au même instant, Guerrier mit aussi la main sur le dossier de M. Foreau, son beau-père, ou plutôt je le lui remis sur sa demande,* croyant qu'il voulait se livrer à de simples recherches, *il enleva de ce dossier un billet de 15,000 fr. souscrit par M. Foreau au profit de la banque de la Sarthe, et qui devait être acquitté puisqu'il était joint aux pièces du souscripteur. Pendant ce temps, Guillemin, sur l'injonction de Guerrier, s'était emparé des trois registres contenant les relevés faits par moi des registres de caisse, et ils délibérèrent tous deux sur les moyens de faire disparaître ou de rendre inintelligible le compte de Guerrier avec Boulay.* Il fut d'abord question entr'eux de bâtonner chaque ligne de ce compte, mais ils changèrent d'idée je ne sais pourquoi, et Guillemin se contenta de bâtonner chaque page en travers. *Guerrier s'empara à cet instant d'une petite liasse recouverte d'un papier blanc sur lequel étaient écrits ces mots :* CONTRE-LETTRE *et il la mit dans la poche de son paletot.* Après quoi Guerrier dit à Guillemin de prendre sur le registre le compte de la veuve Vasseur, laquelle touchait une rente viagère de 50 fr. de M. Jumillac, dont M. Guerrier fait les affaires, et qui avait été payée, il paraît, depuis plusieurs années par Boulay, débiteur de Guerrier. Ce compte fut biffé par Guillemin comme le précédent. Guillemin biffa ensuite le compte de la veuve Vannier, sur lequel se trouvait consigné un paiement de 800 fr. au moins fait par Boulay à l'acquit de

Guerrier. — *Avant de s'en aller, Guerrier dit : Cela ne suffit pas, il faudrait trouver moyen de faire approuver ceci par Boulay, afin qu'on ne vienne pas me demander plus tard une vérification. Tu iras, toi Faussabry, avec Guillemin, ce soir même, à Champaissant, trouver Boulay,* afin que ce dernier inscrive au bas de chaque feuille bâtonnée transversalement ces mots: *vu et approuvé, comptes faits et approuvés à telle époque* (dont j'ai oublié la date). *Il eut bien mieux valu que ces feuillets eussent disparu, et vous tâcherez de l'obtenir de Boulay.* Avant de partir, je *portai chez Guerrier, sur son injonction, la liasse de ses papiers en les cachant sous ma blouse. Puis, sur les neuf heures du soir, nous empruntâmes, Guillemin et moi, le cheval et la voiture du sieur Tortevoie, pépi-*niériste à la Ferté-Bernard et arrivâmes, *avec nos trois registres,* chez Boulay sur les onze heures et demie ou minuit, la distance à parcourir de la Ferté-Bernard à Champaissant étant de vingt kilomètre à peu près. *Avant de partir de la Ferté, nous avions été prendre avec la voiture les trois registres dans la chambre louée par Boulay et les avions enveloppés* dans un vieux manteau de Boulay et lié le tout avec une ficelle, après quoi nous les mîmes dans le coffre.

En cet instant, nous allâmes à la porte de M. Guerrier, chez lequel Guillemin entra pendant que je tenais le cheval et où il restait quelques minutes seulement. *Arrivés à Champaissant, Guillemin fit à Boulay les propositions dont Guerrier l'avait chargé.* Quant à moi, je ne sais pourquoi je m'y étais rendu ne voulant point prendre part à cette démarche. *Boulay refusa son consentement en disant : C'en est trop, M. Guerrier se compromet; je ne crois pas lui devoir le montant du compte que j'ai signé.* Guillemin *lui dit que Onillon n'était plus à craindre, que M. Guerrier avait acheté son silence moyennant 2,000 fr. Tout ceci s'est passé en présence de la domestique, actuellement ma femme,* qui était couchée dans la chambre où travaillait M. Boulay et où cet entretien eut lieu.

Et, quand on a recours à la déposition de cette femme, on voit qu'elle confirme toutes les déclarations du témoin.

Il est vrai que ces dépositions ont été démenties par l'artisan indigne de cette manœuvre ; il nie avoir joué le rôle dont parle Faussabry, mais, les témoins confrontés, les spectateurs ont pu voir à l'audience quel était celui des deux qui disait la vérité.

On voit d'un côté Faussabry net, ferme dans ses allégations; de l'autre Guillemin incertain, cherchant des subterfuges.

Du reste, des témoins muets viendraient à l'appui de Faussabry s'il en était besoin.

Que dit Faussabry ? Il dit que Guerrier s'est précipité dans la chambre du sieur Boulay pour faire main basse, une sorte de razzia sur les pièces qui avaient trait à son compte. Le fait est-il exact ? Une partie de ces pièces sont au greffe qui témoignent de son exactitude.

Il dit encore que les registres ont été altérés. Le fait est-il vrai ? Ouvrez les registres, et ils attesteront la vérité, la sincérité de la déclaration du témoin.

Avouez donc, plus d'échappatoires ; vous avez pénétré dans la chambre de Boulay, vous avez pris des pièces.

En effet, Messieurs, qui pouvait avoir intérêt à pénétrer dans cette chambre ? Qui avait intérêt à enlever ces pièces, à opérer ces altérations ?

Ne le devinez-vous pas ? C'est celui qui aujourd'hui se trouve porteur de ces papiers dont il a bourré ses poches, celui qui refuse aujourd'hui de les montrer, celui qui refuse de compter avec les syndics de la faillite, celui qui redoute en ce moment les investigations de votre justice. — Voilà, Messieurs, ce que révèle l'instruction criminelle, telle est l'innocence que proclament les ordonnances de non-lieu et les arrêts dont l'adversaire triomphe avec tant d'orgueil !

Triomphez, Monsieur, triomphez, mais personne dans cette enceinte, le Tribunal surtout, ne croira que vous rendiez un compte honorable des visites nocturnes que l'on vous reproche et que l'on vous reprochera toujours.

En présence de révélations si graves, de documens si précieux pour la manifestation de la vérité, il n'était plus possible à Guerrier de soutenir sérieusement ces prétendus titres. — Dès lors, les syndics durent établir le néant de cette créance, sur laquelle venait de luire une si fâcheuse clarté ; il ne fallait plus que suivre la

voie ouverte par votre justice et celle de la Cour, et faire disparaître ces titres destinés à frauder la masse des créanciers.

Assignation fut en conséquence donnée le 25 mai dernier au
sieur Guerrier pour comparaître au pied de votre Tribunal, afin
d'entendre prononcer la nullité du transport et des arrêtés de
compte qui lui avaient été consentis par Boulay.

Ordonner l'établissement d'un compte entre lui et les syndics,
agissant au nom de Boulay dans l'intérêt de ses créanciers;

Entendre dire enfin qu'il n'y aurait pas lieu à privilége pour la
somme dont Boulay serait déclaré débiteur, si, par impossible,
Guerrier venait à être reconnu créancier d'une somme quelconque.

Telles sont, Messieurs, les questions qui nous restent encore à
examiner; j'espère pouvoir parcourir avec rapidité ces différens
chefs de ces conclusions.

En ce qui concerne le transport :

Cet acte, vous le savez, a été fait à une époque où tous les actes
de cette nature sont frappés de nullité par la loi commerciale.
Vous connaissez, Messieurs, mieux que moi cette loi que vous ap-
pliquez tous les jours. Cet acte se trouve frappé d'une nullité radicale par l'art. 446 du Code de commerce, que je vous prie de
me permettre de placer sous vos yeux.

« Sont nuls et sans effet, dit l'art. 446, relativement à la masse, lorsqu'ils
auront été faits par le débiteur depuis l'époque déterminée par le Tribunal
comme étant celle de la cessation de ses paiemens, ou dans les dix jours qui
auront précédé cette époque : tous actes translatifs de propriété mobilière ou
immobilière, à titre gratuit ; tous paiemens soit en espèce, soit *par transport,*
vente, compensation ou autrement, pour dettes non échues et pour dettes
échues, tous paiemens faits autrement qu'en espèces ou effets de commerce,
toute hypothèque conventionnelle ou judiciaire, et tous droits d'antichère ou
de nantissement constitués sur les biens du débiteur pour dettes antérieurement contractées. »

Vous le voyez, cet article est précis, *il défend tout paie-*
ment par transport pour dettes échues ou non échues, à partir
des dix jours qui auront précédé la cessation de paiement du
failli.

Ceci admis, et cela est hors de toute contestation sérieuse, il
suffit de faire un simple rapprochement de dates.

La faillite ; vous avez déclaré dans votre sentence qu'elle devait
remonter à 1848. Or, à quelle époque a été fait l'acte dont on soutient la validité ? au 1ᵉʳ mai, si l'on en croit sa signature ; au 3
juillet 1850, si l'on n'admet que la date de l'enregistrement. Mais,
quelle que soit la date que l'on prenne, cet acte se place toujours
dans la période de la cessation des paiemens du sieur Boulay ; il
doit donc être frappé de nullité.

Cette nullité est tellement évidente, qu'un créancier moins déterminé plaideur que le sieur Guerrier, quoique dans la même situation que lui, jouissant comme lui d'un transport de 35,000 fr.
depuis le 26 juillet 1849, a cru devoir renoncer aux avantages de
son titre. Le directeur de la Caisse de la Sarthe a refusé la lutte
judiciaire, que M. Guerrier seul a osé tenter.

Je n'insiste pas, Messieurs, sur un point qui ne présente réellement pas de difficultés. Le texte est clair ; on ne prouve pas l'évidence.

J'arrive aux arrêtés de compte, à ces écrits qui ont donné lieu
au transport et à ce regrettable procès.

Il suffit de jeter les yeux sur ces actes pour s'apercevoir qu'ils ne
sont pas la reconnaissance d'une situation régulière, l'adversaire
l'a compris comme nous, et pour empêcher qu'on ne portât la lumière dans cette situation, il s'est bravement retranché derrière
l'art. 544 du Code de procédure, qui interdit la révision des arrêtés de compte.

Cet article, Messieurs, n'est pas applicable à la cause. Il ne l'est pas pour deux raisons.

La première et la principale, c'est que nous ne demandons pas la révision, mais la nullité de ces arrêtés de compte.

La seconde, c'est que la prohibition, dont parle l'art. 541, ne s'applique qu'aux arrêtés de compte faits en justice.

Cette disposition de l'art. 541 est d'une prudence et d'une sagesse que personne ne peut méconnaître. — Il fallait mettre u : terme aux décisions judiciaires que les détails embrouillés d'une comptabilité compliquée pouvaient amener. D'ailleurs, personne ne doute que la maturité la plus grande ne préside à l'établissement des arrêtés de compte faits en justice ; que les soins les plus consciencieux ne leur soient donnés. Tout porte donc à croire qu'ils sont l'expression de la vérité, de la sincérité, Mais en serait-il de même d'un arrêté de compte consommé dans l'ombre, fait à la hâte, et plutôt pour masquer la situation des parties que pour éclairer, liquider cette situation. Est-ce que votre Tribunal accordera aux deux chiffons de papier le crédit, la foi qu'il devrait accorder à un compte arrêté aux pieds de la justice? non, sans doute. — Nous le répétons, l'art. 541 ne peut s'appliquer qu'aux arrêtés de comptes judiciaires. Il ne s'applique aux arrêtés de compte extra judiciaires que lorsqu'il résulte pour le Tribunal à l'appréciation duquel on les soumet, qu'ils sont plutôt une transaction entre les parties qu'un arrêté de compte proprement dit.— S'il n'y a pas transaction entre les parties, le travail n'est pas encore un contrat intervenu entre elles, ce n'est qu'un travail provisoire, sujet à redressemens.

Des monumens judiciaires pourraient être invoqués à l'appui de cette doctrine; mais, encore une fois, nous ne nous plaçons pas sur le terrain dont parle l'art. 541, nous ne demandons pas la révision des comptes arrêtés entre le sieur Boulay et Guerrier, ces comptes nous ne les reconnaissons pas, nous les considérons comme ayant été faits en fraude des droits de la masse à une époque où il était impossible aux deux parties de faire de pareils actes sans les voir aussitôt condamnés, frappés de nullité par les sévérités de la loi.

Ces papiers qu'on vous présente comme des arrêtés de compte, des monumens respectables comme ceux auxquels l'art. 541 du Code de procédure fait allusion, ces chiffons représenter la situation exacte, sincère des deux parties! Allons donc!

Jetons, messieurs, un instant les yeux sur ces comptes étranges.

Le premier, celui de 1844, présente au débit quatre articles, à l'avoir trois articles; c'est avec une pareille pièce qu'on récapitule des opérations de cinq années indiquées aux livres par 7 ou 800 articles.

On lit au bas :

« Arrêté le présent compte à un reliquat de neuf mille francs, dont M. Boulay, soussigné, se reconnaît débiteur envers M. Charles Guerrier, son prédécesseur, pour toutes créances et avances portées à la charge et décharge de M. Guerrier; ledit reliquat productif d'intérêt à compter du 1ᵉʳ juillet dernier; le tout sans préjudice aux droits de M. Guerrier relativement aux cinquante mille francs que je lui dois pour le prix de ma charge de notaire, et aux intérêts dont ils sont productibles.

» La Ferté-Bernard. 27 avril 1844.

» Signé Boulay. »

Voilà le premier arrêté de compte; voilà la situation des deux parties réglée au mois d'avril 1844. M. Boulay est reconnu débiteur d'une somme de cinquante mille francs!

Et cependant, les pièces, dignes de foi, et la commission elle-même établissent qu'à cette époque M. Boulay était créancier de 17,000 fr.

Mais ces calculs, ces chiffres sont le produit d'un cerveau en délire, répond l'adversaire. — Accuser de folie votre contradicteur, c'est chose facile, mais ce n'est pas là un argument juridique. Voulez-vous le réfuter victorieusement? prenez ses livres et refaites votre compte; prouvez que vos titres, que votre créance sont sincères; sinon, nous tiendrons les quelques lignes que vous nous présentez comme des témoignages d'actes frauduleux consommés par vous et le failli, comme des tentatives de spoliation des biens de la masse.

Mais si cet arrêté, qui porte la date apparente de 1844, est l'œuvre de la fraude et du mensonge et a été fait pour tromper la justice, celui du 1er mai 1850 est peut-être plus étrange et plus suspect encore. On y remarque tout d'abord la même façon de procéder que pour le premier ; de plus, si l'on se reporte aux pièces, si on examine aux époques indiquées la situation que cet acte a la prétention de régler, on aperçoit les infidélités volontaires dont il fourmille. Nous nous bornerons à en citer quelques exemples, une analyse complète de ces artificieux mensonges nous mènerait trop loin :

Remarquons d'abord que cet arrêté de compte prétendu qui devrait contenir et résumer les opérations des neuf années pendant lesquelles les intérêts de MM. Boulay et Guerrier ont été confondus, ne contient que dix articles au débit et sept articles au crédit ; qu'il est muet sur sept des neuf années dont il devrait produire le mouvement ; qu'ainsi, et sous ce premier rapport, il ne peut mériter aucune confiance; mais en examinant de plus près chacun de ces articles, on acquiert la preuve de la mauvaise foi qui a présidé à sa confection. Ainsi, le premier de ces articles se réfère à une opération datée du 2 novembre 1845, et relative à la à la négociation d'un billet de 15,000 fr. Le montant de cette négociation est porté au débit de M. Guerrier. A son crédit sont différentes sommes dont la balance est, au profit de M. Boulay, 6,035 fr. 55 cent.

Eh bien, tout cela est fictif et frauduleux ; car voici le compte de M. Boulay et de M. Foreau, beau-père de M. Guerrier, sur lequel nous trouvons exactement les mêmes chiffres et les mêmes balances. On a donc appliqué à M. Guerrier ce qui concernait son beau-père. Ce n'est pas tout, on a altéré frauduleusement quelques-unes des mentions de ce compte ; ainsi, on trouve au compte de M. Foreau une somme de 1,475 fr., avec cette mention : *compensation d'un intérêt demandé* par Guerrier et échu ledit jour sur le compte du 1er mai 1850.

Cet article en forme deux, et on lit : semestre d'intérêts du prix d'étude au 1er janv. 1846, 1,250 fr.; six mois d'intérêts du reliquat, 225 fr. Ce dédoublement n'a été imaginé que pour faire croire qu'à cette époque M. Guerrier était créancier, pour le prix de son étude, de sommes produisant intérêt; et dans tout le cours du même compte, on affecte de rappeler ces mentions. On doit s'étonner d'abord que M. Guerrier ne touchât jamais ses intérêt, et les laissât figurer dans ses comptes, lui qui se livrait à des dépenses exagérées, et dont les revenus étaient plus que modestes. Mais en interrogeant l'agenda tenu par M. Boulay, et dont l'exactitude a été reconnue par la Commission, par M. Guerrier lui-même, on y trouve, à la date du 1er janvier 1846, cette somme de 1,475 fr. à l'avoir de M. Foreau; seulement la mention établissant la cause de ce versement a été surchargée, et il est impossible aujourd'hui de la connaître; ce qui prouve au surplus que cette somme a été versée par M. Foreau, et n'était point une compensation d'intérêt, c'est qu'elle produit elle-même des intérêts, ainsi que le constate le compte de M. Foreau. Tout est donc mensonge, supposition frauduleuse; et quand nous voulons recourir à la source pour nous éclairer, nous y rencontrons la trace laissée par une main coupable, qui a faussé les écritures. Comment les adversaires peuvent-ils se retrancher derrière de pareilles turpitudes? Nous pourrions multiplier ces citations; qu'il nous suffise de dire que le chiffre des dépenses accusé par M. Guerrier s'élève à la somme de 36,155 fr. 42 cent., tandis que celui des mêmes dépenses que M. Boulay justifie avec ses registres et ses pièces comptables, atteint le chiffre de 63,728 fr. 93 cent.; différence à la charge de M. Guerrier : 27,583 fr. 51 cent. Ainsi, nous sommes constamment ramenés au même résultat, et chacune des investigations auxquelles nous nous livrons nous montrent M. Guerrier débiteur de la même somme.

Vous le voyez, messieurs, pour cet homme, qui veut arriver à ses fins, rien n'est sacré ! Il se fait donner des règlemens, et, pour que ses titres ne puissent pas être contestés, il vient aux sources, les trouble et les altère ! Et vous voulez que de pareils actes aient l'autorité de ceux que l'article 544 protége , l'autorité de ces comptes arrêtés au flambeau de la justice ?... Jamais, messieurs, jamais! Ne parlez donc plus de *vos titres*, ils ne peuvent soutenir les regards du Tribunal, affronter la majesté de cette audience !

Mais enfin, je vais plus loin, messieurs. J'admet pour un instant que ces actes sont sincères, qu'ils sont l'expression exacte de la situation des parties; néanmoins, dans ce cas il faudrait encore les annuler et ordonner que les syndics et le sieur Guerrier compteront de nouveau.

Pourquoi cela? C'est que ces arrêtés de compte n'ont pas de date certaine; c'est que ces actes pour les tiers, à qui on les présente, sont des actes faits du jour même où ils sont présentés.

Pour les syndics, qui sont des tiers dans ce procès, ces actes donc sont réputés faits dans la période qui a suivi la cessation des paiemens. Sur ce point il ne peut y avoir aucune difficulté.

Ceci admis , et on ne saurait le contester même au banc de la défense, tant cette doctrine est élémentaire, — nous invoquons la disposition de l'art. 447 du Code de commerce, conçue dans les termes suivans :

« Tous autres paiemens faits par le débiteur pour dettes échues, *et tous autres actes à titre onéreux par lui passé après la cessation de ses paiemens et avant le jugement déclaratif de faillite, pourront être annulés, si de la part de* ceux qui ont reçu du débiteur ou qui ont traité avec lui, *ils ont eu lieu avec connaissance de la cessation de ses paiemens.* »

Ainsi, tous actes à titre onéreux passés par le failli après la cessation des paiemens et avant le jugement déclaratif de faillite, pourront être annulés.

Quand le seront-ils? Ils le seront, dit l'article, *si de la part de ceux qui ont reçu du débiteur ou qui ont traité avec lui, ils ont eu lieu avec connaissance de la cessation des paiemens.*

Voilà ce que dit cet article. Est-ce que cette condition de la connaissance de la cessation des paiemens n'existe pas?

Mais vous-mêmes, messieurs, vous avez dit dans votre jugement que cela était de notoriété publique.

Quoi! lorsque tout le monde le savait, M. Guerrier seul, l'ami de Boulay, l'aurait ignoré; — lui, l'ignorer, lorsqu'il se livre à tous ces actes que je ne veux plus rappeler, quand il fait ces visites nocturnes, quand il engage son ami à passer en Californie pour refaire sa fortune. Cette ignorance de la situation de Boulay, Guerrier n'osera pas l'invoquer; le Tribunal ne peut pas l'admettre, il ne l'admettra pas.

Ainsi donc l'art. 447 brise ces actes que le sieur Guerrier nous présente. Nous n'aurions pas eu cet article que nous aurions pu invoquer encore l'art. 1167 du Code civil; car enfin, non-seulement il avait connaissance de la situation de Boulay, mais encore, cela n'est plus douteux pour personne ici, il s'est concerté avec le failli pour frauder la masse. — J'en ai assez dit, Messieurs, pour prouver que ces actes sont indignes d'arrêter vos regards et de servir de base à une de vos sentences.

Les actes écartés, il y a lieu de porter la lumière dans la situation des sieurs Guerrier et Boulay. Cette lumière se fera en ordonnant le compte que nous demandons. Certes, nous aurions pu sur-le-champ demander contre l'adversaire une condamnation ; les élémens de la condamnation, nous les avons dans les mains ; les travaux que le sieur Guerrier a refusé de faire, nous les avons faits. Boulay les a faits.—Son mémoire est complet. Je ne parle pas des incriminations, je parle de l'œuvre du comptable, qui est une œuvre remarquable. Ce ne sont pas des allégations, ce sont des chiffres qui sont posés, et il met son adversaire au défi de changer les bases de ses calculs appuyés sur des pièces justificatives. Il établit la situation année par année.

Et, pour que cette situation soit plus claire, il dresse le tableau qui est à la page 35.

Puis, pour plus de clarté encore, il renvoie aux numéros de ces livres, et il termine en disant :

« Telles sont les sommes payées à la décharge de M. Guerrier. *Quiconque désirera connaître les personnes, les époques et les causes, devra se référer à la liquidation.* A la vérité, dans cette masse figurent quelques intérêts postérieurs au 1er janvier 1839 ; mais il n'en est pas moins certain que les causes existaient au moment où M. Guerrier nous transmettait son étude, et que son avoir, encore une fois, était tellement grevé que, s'il se fût alors liquidé, il lui serait resté fort peu de chose, si tant est qu'il en fût resté. Ceci sera démontré.

» Ainsi, ne craignons pas de nous répéter : *depuis le 1er janvier 1839 jusqu'au 1er janvier 1850, nous lui avons versé et il a reçu de nous, suivant le tableau page 39, 72,838 fr. 29 c. dont il a disposé à sa volonté.* A même cette somme on a payé le prix de sa maison ; à même cette somme, et au moyen de ses rentrées directes, il a vécu sans doute ; à même cette somme enfin, il a pu faire ses largesses, prêter comme nous le verrons et prendre des actions de banque.

» Notons, en passant, que ce qu'il toucha chaque année, d'après l'état dressé page 36 et suivantes, ne se délivra que par fractions et au fur et à

» mesure des besoins. Surtout , remarquons que ces sortes de remises de
» fonds ne coïncident nullement avec les versemens effectués directement
» par nous aux mains des créanciers de M. Guerrier. Par conséquent, l'argent
» qu'il toucha, comme nous le constatons , il ne put l'employer à sa libéra-
» tion. Donc , il est impossible de révoquer en doute tous les paiemens que
» nous avons faits. »

Et vous appelez cela des inventions. Mais toutes ces assertions
sont justifiées ; on vous dit dans quelles circonstances ces choses
ont été faites ; les personnes avec lesquelles on s'est trouvé en rapport, ou vous offre un examen qui doit conduire à la justification
de chacun des articles et vous reculez, n'est-ce pas vous avouer
vaincu ?

M. Boulay fait des efforts désespérés aujourd'hui pour faire
luire la vérité, il ne se contente pas de suivre le compte de Guerrier dans tous ses détails, il met d'autre part ses livres de caisse
sur la barre du Tribunal, et prouve qu'il était en mesure de faire
à Guerrier les avances qu'il lui a faites ; il va plus loin, il démontre que Guerrier, par sa situation de fortune, avec ses goûts et ses
habitudes, était dans la nécessité d'avoir recours à des emprunts.

Il ne se contente pas d'invoquer la notoriété publique, il prouve
ce qu'il avance par la récapitulation inflexible de chacune des
sommes qu'il a payées pour le compte de son adversaire ; puis,
recomposant sa fortune, il établit avec une précision mathémati-
que l'impossibilité où M. Guerrier se trouve d'avoir contre lui une
créance de 33,000 fr. En effet, en calculant tout ce qu'il a pu recevoir
tant de la cession de son office que de bénéfices réalisés par lui de
1831 à 1850, M. Guerrier ne peut atteindre un chiffre supérieur de
132,000 fr. Or, en calculant ce qu'il a dépensé pendant le même
temps, on dépasse le chiffre de 175,000 fr. Voilà, messieurs, ce
qui résulte du tableau que je mets sous vos yeux ; il est accompa-
gné des justifications les plus convaincantes et il établit qu'en

conservant sa maison, les richesses mobilières qu'il y a accumu-
lées, les créances sur divers, loin d'être créancier de 33,000 fr. à
M. Boulay, M. Guerrier est, en réalité, au-dessous de ses affaires
de plus de 43,000 fr. Cette révélation terrible n'explique-t-elle
pas d'une manière suffisante sa résistance obstinée à toute vérification?

Dans de telles circonstances, nous pourrions nous borner à demander au Tribunal la condamnation de M. Guerrier au paiement
du solde de compte formé par M. Boulay; mais nous ne voulons
l'accepter tel qu'il a été dressé qu'avec le bénéfice d'une libre contradiction.

Nous voulons qu'il soit loyalement discuté par les parties inté-
ressées sous les yeux de la justice. M. Guerrier ne peut plus être
sourd à cet appel.

Le Tribunal ordonnera l'établissement de ce compte, nous en
avons l'espérance la plus ferme, et s'il ressort de ce travail la
preuve que le sieur Guerrier est créancier, il sera payé sans contestation ; de plus, son honneur si rudement attaqué sortira de
cette lutte, vengé de la façon la plus éclatante.

Si l'adversaire était créancier d'une somme quelconque, cette
somme devrait elle être payée par privilége? Telle est la dernière
question qu'il nous reste à examiner.

Pour trancher cette difficulté, nous avons encore un texte de
loi qui ne supporte pas de contradictions sérieuses.

Ce texte, nous le puisons dans l'art. 550 du Code de commerce,
qui est ainsi conçu : « Le privilége et le droit de revendication
établis par le nᵒ 4 de l'art 2102 C. civ., au profit du vendeur d'effets mobiliers, ne seront point admis en cas de faillite. »

Voilà qui est hors de doute. — Il nous reste donc à rechercher
si un office est un effet mobilier. — Sur ce point, il n'y a pas de
discussion ; l'adversaire conviendra avec moi qu'un office est un
effet mobilier.

L'article 550 est donc applicable dans l'espèce ; il n'y a donc
pas de privilége. La preuve que cet article est applicable, nous ne
la trouvons pas seulement dans le texte, qui ne fait aucune distinc-
tion, mais encore dans la discussion de la loi, un des orateurs présenta un amendement qui faisait une exception en faveur des offices. Cet amendement fut repoussé.

La jurisprudence a déjà confirmé à différentes reprises cette
doctrine devenue aujourd'hui incontestable. A défaut de ce texte
précis, nous aurions encore, pour faire régler le privilége, la doctrine contenue dans un arrêt de la Cour de cassation rendu à la
date du 23 juillet 1853, et qui déclare que le privilége n'existe
qu'autant que le prix est encore entre les mains de l'acheteur.

Voici cet arrêt : « La Cour, vu l'art. 2102, § 4 du C. Napoléon ;
attendu que, aux termes de cet article, le privilége existe, sur le
prix d'effets mobiliers non payés qui *sont encore en la possession
du débiteur ;*

» Attendu que cette dernière condition, en vertu de la règle, qu'en
fait de meubles possession vaut titre, suppose toutefois que ces
effets mobiliers ont été vendus, puisque le privilége ne s'exerce
que sur le prix de la vente ;

» Attendu que ce prix représentatif de la chose vendue *était en
la possession du débiteur au moment où le privilége a été réclamé.* »
Voilà qui est donc bien certain aux termes de cette jurisprudence.
Il faut que le prix se trouve encore dans les mains du débiteur
pour que ce privilége soit exercé. — Or, ce prix est-il encore
entre les mains de Boulay ? Non. C'est son successeur qui le doit,
et à qui on le réclamerait en vertu du transport. On ne peut donc
pas réclamer de privilége.

Mais encore une fois, tout ceci est une discussion complétement inutile ; il n'y aura pas de privilége parce qu'il n'y aura pas de créance à réclamer de la part du sieur Guerrier.

Ces titres qu'il invoque, désormais n'existent plus pour le Tribunal.

Quoi, je serai condamné en vertu de ces créances, lorsque j'arrive devant vous les mains pleines des preuves établissant le dol et la fraude de l'adversaire.

Quoi, dans de telles circonstances le sieur Guerrier se refuserait de compter! La justice aurait pour lui de si étranges faveurs ! Tenez, un exemple qu'on trouvera dans *le Journal du Palais*, surgit en ce moment dans ma mémoire.

Il s'agissait d'un créancier qui réclamait dans une faillite, en vertu d'un titre authentique, les syndics demandèrent à voir ses livres, il refusa.

J'ai mon titre, disait-il, il me suffit. Vos livres, répondait-on ; montrez-nous vos livres, nous voulons voir la cause de ce titre. Il résiste. La justice écarte ce titre suspect, elle décide qu'un créancier qui se borne à produire un acte en cachant les pièces qui en justifient la sincérité ne mérite aucune confiance, et la Cour de cassation consacre cette doctrine éminemment morale ! (C. de cass. rej. 24 février 1820). Et M. Guerrier, porteur d'actes sophistiqués, serait plus favorisé que ce créancier ; mais l'acte que vous invoquez contient lui-même une arme terrible contre vous : Vous vous faites transporter une somme en vertu des titres que vous invoquez, et la somme n'est pas indiquée au transport. Vous allez faire un transport, vous ne connaissez pas la somme que l'on doit vous transporter malgré vos prétendus titres qui, selon vous, l'établissent. Ah! Messieurs, tout cela serait ridicule, si cela n'était profondément indigne.

Vos titres, dites-vous, — nous savons qu'ils existent, mais où sont les pièces qui proclament leur sincérité?

Vos titres, nous savons maintenant comment vous vous les êtes procurés.

Vos visites, celles de vos amis, vos voyages de nuit à Champaissant, nous disent qu'ils sont le produit d'un coup de main hardi.

Nous savons aussi comment vous avez fait disparaître les pièces, altéré les registres qui pouvaient dévoiler la fraude de vos titres en les accusant de mensonge.

Vous vous êtes rendu maître de la chambre qui les contenait, vous avez tout pris, tout ravagé. — Voilà ce que vous avez fait, et vous voulez que la justice, en présence de pareils excès, ne s'émeuve pas, vous voulez qu'elle accepte ces actes comme des obligations librement consenties à un créancier loyal et plein de conscience... Jamais, monsieur, jamais. — Les Tribunaux vous ont innocenté, dites-vous, des faits qu'on vous reproche ; il en restera encore assez pour atteindre votre bonne foi.

Non, non, vous ne parviendrez pas à faire illusion plus longtemps ; vous avez échappé à la justice criminelle, mais l'opinion publique a prononcé sur vous ; la justice commerciale, qui s'en inspire, n'admet ni subterfuges ni vaines excuses de forme ; elle ne souffrira pas le scandale d'un créancier convaincu de mensonge et de fraude venant, grâce à des titres véreux, enlever le gage commun de la faillite. Ne vous cachez plus dans les ténèbres, le flambeau de la vérité luit dans la main des magistrats. Vos efforts seront impuissans à l'éteindre, et vous serez condamné à subir sa clarté qui vous tue.

Après cette plaidoirie, Mᵉ Chaix-d'Est-Ange se lève.

Il commence par se plaindre, avec beaucoup d'esprit, de voir cette affaire si simple, selon lui, devenue tout à coup si lourde et si compliquée.

Mᵉ Chaix-d'Est-Ange dit que son client a été accusé à *tort* d'user d'habileté et de sophisme ; il croit que son adversaire mériterait bien plutôt de pareils reproches ; ceci lui fournit l'occasion de faire une définition du sophiste aussi originale que brillante, et de décocher quelques traits contre l'éloquence parfois si habile a tout embrouiller. Il va même plus loin, il vante la sagesse des anciens qui avaient chassé l'éloquence du sanctuaire de la justice. Ne croyez pas pourtant que, fils ingrat, il frappe bien cruellement celle qui eut pour lui tant de faveurs. Non, s'il la frappe c'est avec un bouquet de fleurs. Il prouvera dans un instant que si l'éloquence sait assembler les ténèbres, elle sait également faire briller la lumière. En effet, rien de plus clair, de plus brillant que sa défense, que nous regrettons de ne pouvoir reproduire. En quelques mots il trace l'histoire des arrêtés de compte et du transport qu'on accuse de fraude. M. Guerrier avait vendu son étude à Boulay, qui devait partie de son prix d'acquisition, il devait en outre des recouvremens faits pour le compte de Guerrier. Telle est la situation que les arrêtés de compte et le transport ont eu pour but de régler.

Ces actes, on ne peut pas les attaquer pour raison de fraude. Il suffit de remarquer de quelle manière ils ont été faits pour en éloigner même tout soupçon. La reconnaissance de la créance de Guerrier a eu lieu à trois époques différentes : il y a eu un premier arrêté en 1844, un second en 1846, un troisième en 1850. Boulay lui-même le reconnaît. Si on l'avait trompé, comme il le prétend, dès le premier arrêté, aurait-il fait les autres ! Evidemment non. Il n'a donc pas été trompé, on ne peut donc pas invoquer l'art. 1167 du C. civ. On ne peut donc pas non plus réclamer l'application de l'art. 447 du C. de comm. M. Guerrier ne connaissait pas en 1850 la situation du sieur Boulay, qui l'ignorait lui-même; il n'a connu la situation malheureuse de son successeur qu'après le dernier règlement du compte; il l'a connue seulement lorsqu'il était sur le point de devenir victime de son amitié pour Boulay, lorsqu'il s'est présenté à la banque de la Sarthe pour payer 10,000 fr. en l'acquit de son successeur, dans la solvabilité duquel il avait encore alors pleine confiance.

Ces actes sont donc à l'abri des dispositions de ces deux articles de la loi. On doit les respecter donc.

M. Guerrier doit être reconnu créancier de la somme qu'il réclame, et, de plus, cette créance est privilégiée. L'avocat de M. Guerrier soutient que l'art. 550 ne s'applique pas aux offices ministériels, il cite l'opinion de Esnault.

Abordant ensuite le procès à son véritable point de vue, selon lui, il montre que ce procès n'est pas un procès, que la difficulté a été réglée par les parties et qu'il n'est plus permis de la faire revivre; il montre que les titres sont sous la protection de l'art. 541 du Code de procédure, qui refuse toute action en vérification. Cette opinion est celle de la Commission chargée par les créanciers de la faillite de vérifier la créance Guerrier. Tout est donc clos et terminé.

M. Guerrier aurait peut-être accepté la vérification dans toutes autres circonstances, mais, aujourd'hui, accepter après avoir été attaqué avec tant de passion, ce serait accréditer soi-même les odieuses calomnies dont on a été l'objet. Une telle situation ne peut être acceptée. Elle ne peut être acceptée par un homme de cœur qui peut bien parfois céder à la prière, mais qui résiste toujours à l'insulte et à la menace.

RÉPLIQUE.

Messieurs, vous êtes encore, comme moi, sous l'influence de cette plaidoirie si pleine de verve et d'esprit, que nous venons d'entendre. Je n'avais pas besoin, de cette nouvelle preuve du talent de mon adversaire pour admirer et reconnaître l'étendue de ses ressources non moins brillantes que fécondes. Plus d'une fois j'ai été forcé de confesser sa puissance, cependant, aujourd'hui, j'ai la certitude que la victoire ne lui appartiendra pas. Malgré ses efforts, vous avez vu qu'il était mal à l'aise derrière cette triste fin de non-recevoir qu'on aurait dû abandonner, ce n'était pas là un terrain digne de lui, il combattait comme un homme qui fait retraite.

L'adversaire ne veut pas refaire le compte. Il vous le dit, vous le répète sur tous les tons et sous tous les formes avec une grâce, un esprit infinis. Compter, lui! faire des chiffres, cela est impossible, les chiffres déchirent sa bouche, il ne comptera pas. Refaire le compte, ne serait-ce pas accepter les attaques de l'adversaire et ses injures? Boulay et les syndics ne font qu'une seule et même personne, il ne peut pas, il ne saurait accepter cette situation que nous voulons lui faire, il ne nous suivra pas sur notre terrain, il se refuse à secouer la poudre de nos livres, à tourner les feuillets de nos nombreux registres, il se contente de ses titres que rien ne saurait ébranler. Voilà ce qu'il nous dit dans son langage étincelant d'ironie et de grâce; compter avec Boulay, comp-avec un pareil homme, c'est déroger, c'est descendre trop bas.

Prenez-y garde, vous avez beau couvrir l'auditoire des fleurs de votre parole, tout le monde verra encore la position déplorable qui est faite à votre client dans ce triste procès. Vous ne voulez pas compter.

Vous ne voulez pas compter, Monsieur Guerrier! mais avez-vous bien calculé les conséquences d'un pareil refus? Ne voyez-vous pas ce que votre honneur et votre intérêt y perdent à la fois? Ne devinez-vous pas les soupçons terribles que vous accréditez?

De deux choses l'une, où vos titres sont sincères, où ils sont frauduleux. Dans le premier cas, que craignez-vous? Vous répétez partout que nos comptes, qui vous accusent, sont imaginaires, que nos chiffres sont chimériques, que vous n'avez qu'à souffler dessus pour les renverser! Soufflez donc, de grâce, et puisque vous avez en face un adversaire si pitoyable, confondez-le publiquement. Au lieu d'enlever d'assaut une créance restée douteuse par votre silence, vous en obtiendrez le paiement après une discussion solennelle qui vous vengera, et fera évanouir toutes ces attaques sous lesquelles votre loyauté demeure accablée. — Ainsi, supposez vos titres sincères, vous avez tout à gagner, et rien à perdre à la contradiction.

Mais au contraire, supposez-les frauduleux. Ils ont pour eux la forme extérieure, l'apparence, en réalité, ils couvrent un mensonge. La moindre lumière les ferait voir pour ce qu'ils sont, et vous les tenez dans l'ombre, et dans l'ombre vous les faites exécuter en enlevant le bien d'autrui que vous vous appropriez.

Voilà les deux alternatives qui vous sont faites, et de deux partis, l'un qui vous réhabilite, l'autre qui vous condamne moralement, c'est le dernier que vous préférez! Vous aimez mieux passer pour un spoliateur hardi, qu'exposer vos titres à une vérification! Allez, Monsieur, ces titres sont jugés, et vous l'êtes aussi.

Au surplus c'est par degrés, et quand vous avez conquis l'impossibilité où vous êtes de justifier votre créance, que vous êtes arrivé à ce mépris profond de votre propre dignité; dans le principe, vous paraissiez en avoir plus de souci. Quand la Commission s'est réunie, vous ne refusiez pas les communications qu'elle vous demandait, vous n'osiez pas encore, vous ajourniez ; et votre conseil, non pas l'orateur brillant que nous venons d'entendre, mais celui qui est votre ami, M⁰ Chartier, vous engageait à livrer les pièces à l'appui de vos prétentions. Il se trouvait ainsi en opposition formelle avec votre défenseur actuel, et ce que celui-ci proclame monstrueux, il le jugeait utile, opportun, honorable. C'est que probablement vous ne lui aviez pas tout dit, vous ne lui aviez pas confessé la fraude qui infecte vos titres, et maintenant que l'heure suprême a sonné, vous lui faussez parole pour vous retrancher derrière vos arrêtés de compte, dût votre honneur périr par une telle défense !

Mais, messieurs, est-ce que nous avons besoin de prendre un tel souci de cet honneur dont M. Guerrier fait si peu de cas, et d'en être plus jaloux que lui-même ; est-ce qu'il nous faut le supplier d'abandonner sa fin de non-recevoir ; — nous vous l'avons déjà dit, il ne s'agit pas ici de révision, il s'agit de comptes à faire ; à nos yeux, ceux qu'on a faits sont frauduleux et indignes des regards de la justice. Vos actes, je ne les reconnais pas, je n'en demande pas la révision, je les nie, je les détruis, ils n'existent pas. — L'adversaire n'a pu refuser, cette fois, de nous suivre sur ce nouveau terrain. J'ai écouté cette partie de sa plaidoirie avec une religieuse attention, mais, je l'avoue, j'ai le tort de ne pas trouver ses réponses sérieuses.

— Nos titres, dit-il, ont été faits à une époque où le failli avait encore l'administration de ses biens ; M. Guerrier ne connaissait pas la situation de son débiteur, qui l'ignorait lui-même, donc ses actes ne peuvent tomber sous l'application des art. 446 et 447 du Code de commerce.

Et pour prouver la complète bonne foi de son client, l'adversaire, fécond en ressources de tout genre, raconte cette anecdote

singulière, que son talent de bien dire pouvait seul nous faire
écouter; vous vous souvenez encore de cette conversation à la grille
de la caisse de la banque de la Sarthe. Boulay se trouvait pressé
par la banque, il s'adresse à M. Charles, à cet ami dévoué qui,
plein d'un beau feu, s'empresse d'aller trouver le caissier, lui
apportant une somme de 10,000 fr.

Arrivé là, il veut payer, mais voici que saisi du plus singulier
scrupule, le caissier refuse de recevoir. Il éprouve un chagrin véritable à la vue de ces écus qu'on lui apporte, il craint de compro-
mettre M. Guerrier, car, lui dit-il, M. Boulay doit des sommes
beaucoup plus fortes. — Mais encore à combien, répond Guerrier,
peut s'élever le chiffre de cette dette; à 20,000 fr.? — A plus encore. — A 40,000 fr.? — Montez! — Combien donc? — 50,000 fr.
— Quoi! telle est la situation de M. Boulay? — Oui, monsieur.

Là-dessus, Guerrier se retire rapportant ses 10,000 fr. Il vient
s'expliquer avec Boulay sur les confidences indiscrètes du caissier.
Boulay, alors, se voyant découvert, avoue sa situation à son ami
et à M. Lambert, qui avait aussi pour lui de l'estime et de l'affec-
tion.

Voilà, Messieurs, comment, selon l'adversaire, M. Guerrier a
connu la situation de M. Boulay.

Ceci est-il sérieux? Je le demande. Comment! on apporte de
l'argent à un caissier, et il le refuse! Il ouvre son guichet, pourquoi? pour recevoir, apparemment? — Non. — Pourquoi donc?
— Pour prendre part à la conversation que vous venez d'entendre. Est-ce que jamais, de mémoire de caissier, chose
pareille a eu lieu? Encore une fois, cela n'est pas sérieux, cela
n'est que charmant, sortant surtout d'une bouche si ingénieuse.

Mais, nous dit le défenseur de M. Guerrier, nous n'avons pas
besoin de prouver que la fraude n'existe pas; c'est au demandeur
à prouver l'existence de cette fraude, et c'est ce qu'il ne fait pas.

Comment! nous ne prouvons pas la fraude? Nous ne prouvons pas que vous aviez connaissance de la situation de Boulay?

Mais niez-vous votre intimité avec Boulay jusqu'à l'époque du procès?

Niez-vous votre communauté d'intérêts jusqu'à la même époque?

Quoi? vous étiez son ami, vos affaires étaient à ce point confondues, que tout ce que vous payiez, c'était lui qui le payait, tout ce que vous receviez, c'était lui qui le recevait, et vous ignoriez sa situation, lorsque le Tribunal lui-même proclame qu'elle était connue de tous, lorsque les contraintes par corps pleuvaient sur lui de toutes parts; mais qui donc espérez-vous tromper ici? Vous l'ignoriez! Pourquoi donc ces visites nocturnes à Champaissant? pourquoi ces pièces enlevées? Vous l'ignoriez! Mais vos actes, vos actes eux-mêmes vous démentent. Au moment de faire votre transport, vous ne mettez même pas la somme, tant vous êtes pressé.

Vous ignoriez sa situation, pourquoi donc cette demande d'argent que vous fait faire Boulay pour aller en Californie, où sur votre conseil il voulait se rendre pour refaire sa fortune?

Vous, ignorer cette situation, personne ici, non, personne ne le croit!

Ecartons donc vos arrêtés, brisons ce transport comme la suite, la conséquence de votre système de fraude, et, en outre, comme fait au mépris de la loi, de l'art. 447, qui le prohibe de la façon la plus formelle.

Et rentrons dans la situation vraie. Apportez vos pièces, dressons vos comptes; voici nos livres. Ne vous retranchez pas derrière la signature de Boulay, vous la lui avez surprise. Vous vous en défendez, je le sais, et de la manière la plus charmante; vous vous rappelez, Messieurs, tous les traits d'esprit que l'adversaire a fait briller à ce propos. L'adversaire ne croit pas à cette influence si considérable de Mme Guerrier sur l'esprit de son mari et sur celui de M. Boulay. Ah! que j'aurais bien voulu voir mon éloquent adversaire obligé de remplir mon rôle chargé, de démontrer le despotisme adorable qu'exerce parfois ce sexe aimable qu'il connaît si bien ; que de choses gracieuses, piquantes il nous eût dites là-dessus. Je n'essayerai pas de l'imiter. J'ai l'habitude de ne pas aspirer là où je ne puis atteindre.

Je n'ai d'ailleurs à m'occuper ni de la tyrannie de Mme Guerrier ni des faiblesses de M. Boulay, que je vous livre complétement; je n'ai point à m'enquérir des motifs qui l'ont déterminé, tous les élémens de la cause démontrent d'ailleurs avec une trop victorieuse évidence votre connivence coupable et que l'un et l'autre vous avez mis tant d'adresse à violer. Aujourd'hui elle éclate. La fraude est manifeste, elle frappe tous les yeux, et cette fraude à laquelle participent le failli et son créancier, nous n'avons pas besoin d'en connaître les causes cachées, son existence suffit pour que la Justice anéantisse les actes qui en ont été le produit.

L'adversaire ici m'a adressé un reproche auquel j'ai été sensible, — il m'a reproché de n'avoir mis sous vos yeux que des fragmens de la procédure criminelle dirigée contre Boulay.

Le Tribunal a déjà compris combien ce reproche était mal fondé; pouvais-je abuser, messieurs, de votre attention, vous faire consacrer à l'audition d'une lecture inutile les momens précieux que vous devez à la justice? non sans doute. Du reste, cette procédure, elle est là tout entière, elle sera soumise au religieux examen du Tribunal.

Après tout ce qui vient d'être dit, parlerai-je encore de la question de privilége? cela me paraît inutile,—les objections soulevées par l'adversaire sur ce point n'auront pas troublé vos convictions, j'en suis certain.

Il a essayé de soutenir que l'art. 550 ne s'appliquait pas aux offices; et à l'appui de cette assertion il cite l'opinion de M. Esnanit, qui, dit-il, dans la seconde édition de son livre, revient sur l'erreur qu'il avait professée dans la première.

Est-ce avec une pareille autorité qu'on peut combattre les dispositions si claires de l'art. 550 ?

Il a confessé, dites vous, dans la seconde édition, l'erreur qu'il avait professée dans la première. L'autorité d'un consulte, je ne l'accepte pas. — Il fait une chute, selon vous, dès son premier pas ; qui m'assure qu'il se soit relevé au second. — Il s'est pieusement flagellé dans la seconde édition pour la faute qu'il avait commise dans la première; peut-être dans la troisième se flagellera-t-il plus pieusement encore pour n'avoir pas persévéré dans sa première opinion. Nous ne pouvons marcher avec un guide si peu sûr ; évidemment M. Esnault doit être jeté pardessus bord. — Il faut revenir à l'art. 550, qui ne fait aucune exception ; et puis, nous l'avons déjà dit, cet article serait-il écarté que, dans l'espèce, l'arrêt de la Cour de cassation du 23 juillet 1853 nous suffirait pour faire rejeter le privilége réclamé.

Mais un privilége, encore une fois, suppose une créance,—et votre créance n'existe pas. — Elle ne peut exister en vertu de vos titres que la fraude détruit, que la loi et l'honnêteté condamnent.

Si vous voulez être admis à discuter utilement la question de privilége, comptez avec nous, nous sommes prêts à une discussion sérieuse, loyale, et que vous ne pouvez refuser.

Il y a nécessité pour vous aujourd'hui de ne plus équivoquer, de ne plus vous arrêter au seuil de ce prétoire, mais d'y entrer résolument pour repousser avec des armes plus solides que des épigrammes les attaques mortelles que nous dirigeons contre vous.

Discutez donc sérieusement, et avec la dignité qui appartient à un homme qui se croit injustement offensé.

Vos juges apprécieront vos titres ; vous avez beau les couvrir de la protection de l'art. 541 ; cet article ne les couvre plus.

Aucun Tribunal ne se fait l'exécuteur aveugle des titres qu'on lui soumet. La justice examine et apprécie, elle n'obéit pas aux sommations hautaines que lui fait un créancier porteur d'un acte frauduleux ; vous n'avez plus droit au silence, il faut le rompre.

On vous dit : Vous aviez connaissance de la position de M. Boulay ; vos visites, vos démarches, les altérations des registres, l'enlèvement des pièces, tout le prouve ; répondez.

Vous connaissiez cette situation, et néanmoins vous avez arraché à un débiteur aux abois des arrêtés de compte et un transport qu'il a signés dans l'égarement du désespoir ; répondez.

On vous demande où est le compte qui a précédé cet engagement, où sont les pièces, les billets, les décharges? Répondez.

On vous produit des livres, des agendas, des notes dont la sincérité est avouée par vous, et qui prouvent que vous êtes débiteur de cette masse que vous voulez spolier ; répondez.

Des commissaires intègres, désintéressés, soutiennent, après avoir examiné les livres, que vos titres sont mensongers, frauduleux, faits au détriment de la masse. — Répondez. — Il vous faut sortir enfin de ce retranchement de l'art. 541, qui ne vous défend plus. — Répondez. — Le Tribunal vous écoute ; parlez ; ceux qui désertent la justice la craignent, ceux qui la craignent méritent ses sévérités.

Paris. — Imprimerie de E. Brière, rue Sainte-Anne, 55.